Jean Jaurès

République
et socialisme

discours

ISBN : 978-1522775850

10 9 8 7 6 5 4 3 2 1

Jean Jaurès

République et socialisme

discours

Table de Matières

République et socialisme

Discours parlementaires de Jean Jaurès. Réponse à la déclaration du Cabinet Dupuy. Séance du 21 novembre 1893 tenue sous la présidence de M. Casimir-Perier.

Au début de la sixième législature, le cabinet formé le 4 avril 1893 par M. Charles Dupuy est au pouvoir. La nouvelle Chambre est réunie depuis le 14 novembre ; le 21, M. Charles Dupuy apporte devant les élus du pays une déclaration du gouvernement pour leur faire connaître ses intentions et ses projets. D'accord avec M. Millerand, M. Jaurès demande aussitôt à interpeller le cabinet sur sa politique générale. M. Lavertujon et plusieurs de ses collègues insistent pour que la discussion de cette interpellation soit fixée au 23 novembre. Il importe, disent-ils non sans raison, que chaque député étudie et analyse le programme du ministère avant de le juger. Mais la discussion immédiate est ordonnée sur les instances du président du conseil. La parole est donnée à M. Jaurès. L'orateur constate que le programme de M. Dupuy est un programme négatif. Puis il répond à la déclaration de guerre faite par le gouvernement au parti socialiste en montrant l'impossibilité de combattre le socialisme sans abandonner les principes républicains.

M. Jaurès. — Messieurs, M. le président du conseil a été très modeste en dérobant aux méditations et à l'examen minutieux de la Chambre la longue table des matières qui constitue la déclaration ministérielle. Mais mes amis et moi nous ne nous plaignons nullement que la discussion immédiate ait été ordonnée.

Un membre au centre. – Alors, pourquoi avez-vous voté contre ?

M. Jaurès. — Il y a, dès maintenant, deux résultats acquis : le premier, c'est que M. le président du conseil a dû, dès la première journée, peser sur la Chambre pour obtenir un débat écourté et diminué. (*Applaudissements à l'extrême gauche. –*

Réclamations à gauche et au centre.)

Le second, c'est que dès le premier jour aussi, pour former une majorité avec des déclarations qui restent vagues, il a fallu sonner la fanfare contre le parti socialiste ; dès le premier jour, il a fallu remplacer par une tactique et par une diversion, un exposé clair et précis de la politique gouvernementale. (*Nouveaux applaudissements à l'extrême gauche.*)

Ah ! messieurs, cette tactique ne réussira probablement pas longtemps auprès de la Chambre.

Il est facile de dénoncer comme de mauvais patriotes ceux qui ont une conception très noble du rôle de la France démocratique dans le monde. Mais ce n'est pas par de pareilles déclamations qu'on remplace la précision politique. (*Très bien ! très bien ! à l'extrême gauche.*)

Il reste vrai, après ces paroles, que la majorité qu'on invite à appuyer le gouvernement a des explications précises à demander. (*Très bien ! à gauche.*)

M. le président du conseil n'a apporté ici qu'une sorte de programme négatif : Pas de révision, pas de séparation de l'Église et de l'État, pas de grandes réformes fiscales ! Mais ces négations suffiront-elles à constituer une majorité de gouvernement et à alimenter, la vie de la Chambre ? Je ne suppose pas que lorsqu'il a parlé de l'impôt unique, inquisitorial et progressif, il ait eu l'intention d'être particulièrement cruel pour son collègue M. le ministre des finances. (*Rires à l'extrême gauche.*)

M. Peytral, *ministre des finances.* — Je n'ai jamais entendu établir ni un impôt unique, ni un impôt inquisitorial, ni un impôt progressif. (*Exclamations en sens divers.*)

M. Jaurès. — Messieurs, M. le ministre des finances va précisément au-devant de ma pensée ; il dit que l'impôt sur le revenu, tel qu'il le comprend, tel qu'il l'a, il y a quelques mois encore, annoncé à la Chambre, n'est ni l'impôt unique, ni l'impôt inquisitorial, ni l'impôt progressif. Il résulte de sa déclaration que le ministère, par cette formule, n'a pas entendu condamner l'impôt sur le revenu.

Je demande donc au gouvernement si sous cette phrase agressive contre certaines formules d'impôt, M. le président du conseil a, oui ou non, prétendu viser l'impôt sur le revenu. (*Très bien ! très bien ! à l'extrême gauche.*)

Je lui demande en outre s'il croit qu'il satisfera au besoin de réformes qui est dans ce pays en déclarant qu'il faudra songer peut-être à une organisation de caisse de retraite qui, selon lui, si elle est nécessaire, sera particulièrement malaisée ; en sorte que ce qu'on vous annonce surtout comme réformes, c'est l'impossibilité d'aboutir dans les réformes mêmes qu'on indique.

Messieurs, en ce qui nous concerne, nous ne nous arrêterons pas à ces détails. Pour nous, la déclaration ministérielle est parfaitement claire : c'est une déclaration de guerre au parti socialiste. (*Mouvements divers.*)

Toutes les paroles, toutes les attitudes du gouvernement nous signifient la guerre ; je dirais presque que toutes ses pensées sont tournées contre nous, si peut-être la conscience de quelques-uns des hommes qui sont au pouvoir n'était traversée parfois par certains ressouvenirs. (*Exclamations ironiques sur divers bancs à gauche et à l'extrême gauche.*) Mais je suis sûr que ceux-là mêmes nous détestent plus encore que nos ennemis de la veille, parce que nous leur sommes l'occasion incessante de douloureux retours sur eux-mêmes. (*Applaudissements à l'extrême gauche.*)

Donc, c'est contre nous le combat avoué, déclaré, implacable ; et en vérité, on nous fait le grand honneur de calculer par rapport à nous tout le mouvement politique. Aussi je ne viens pas vous demander : Entendez-vous nous seconder, ou nous combattre ? La question est résolue depuis plusieurs mois. Je viens vous demander, monsieur le président du conseil, au nom de quel principe, en vertu de quelle conception maîtresse vous entendez combattre le mouvement socialiste. (*Mouvements divers.*)

Car pour les hommes politiques, – j'entends pour ceux qui nous combattent, – il y a deux façons de juger le mouvement socialiste qui se développe à l'heure actuelle.

Ou bien vous le considérez comme un mouvement superficiel, factice, passager, qui a été créé par quelques excitations isolées, qui a été développé par l'anarchie générale et par la faiblesse du pouvoir, et qu'un peu de fermeté gouvernementale suffira à contenir ou même à supprimer ; ou bien au contraire vous le considérez comme un mouvement dangereux, funeste, mais spontané et profond, qui sort de l'évolution même des choses et de l'histoire et qui est la résultante de toutes les forces humaines en action. (*Applaudissements à l'extrême gauche.*)

Une voix. — Qu'est-ce que cela veut dire ?

M. Jaurès. — Je demande que le *Journal officiel* mentionne le nom de celui de nos collègues qui s'écrie : « Qu'est-ce que cela veut dire ? » (*Mouvements divers.*)

Je dis que même alors, vous pouvez essayer de le combattre, si vous le jugez plus périlleux encore qu'irrésistible ; vous pouvez essayer de barrer la route à l'histoire.

Un membre au centre. – C'est vous qui voulez lui barrer la route !

M. Jaurès. — Vous pouvez essayer d'arrêter la poussée des hommes et des choses. Vous pouvez vous dire qu'après tout il vous sera glorieux d'avoir lutté, que nul n'a pu mesurer encore exactement la force de résistance de certaines volontés humaines, et qu'en tout cas vous aurez peut-être retardé de quelques années l'avènement de la barbarie.

Mais si je vous demande : De ces deux hypothèses quelle est la vôtre ? c'est là non pas une vaine question de philosophie sociale, mais une question politique, parce que selon que vous aurez opté pour l'une ou pour l'autre, votre politique et celle de la majorité que vous voulez entraîner avec vous sera différente.

Si le mouvement socialiste n'est qu'une effervescence passagère, s'il n'est que la fièvre momentanée d'un organisme d'ailleurs résistant et sain, il suffira pour le calmer d'un peu d'hygiène gouvernementale.

On enverra aux préfets de bonnes circulaires pour que tous les fonctionnaires, petits ou grands, donnent contre le socialisme ; on demandera aux procureurs généraux des rapports confidentiels (*Rires et applaudissements à l'extrême gauche. — Bruit*) ; on consignera les députés socialistes dans leurs circonscriptions, et puisqu'il paraît qu'ils ne sortent plus maintenant qu'avec leurs écharpes, et comme le peuple devenu fétichiste a une sorte de piété pour les emblèmes parlementaires, il ne sera permis de les porter que dans les grandes cérémonies, dans les processions solennelles où la confrérie parlementaire se déroulera tout entière, précédée par les chanoines ministériels. (*Nouveaux rires et applaudissements sur les mêmes bancs.*)

Au besoin, de-ci, de-là, on administrera quelques coups de lance, on traduira en justice quelques syndicats, et alors, quand il aura été bien démontré au peuple – qui, paraît-il, ne prend pas le socialisme au sérieux, qui joue simplement au socialisme – que c'est un jeu dangereux et une mode surannée, tout sera fini : le prolétariat renoncera à ses vastes groupements, il ne formulera plus ses revendications de classe, il saluera comme une bienfaisante loi de nature la concentration graduelle de la puissance économique en un nombre de mains toujours plus petit ; il saluera dans le salariat une institution définitive, et n'ayant plus rien à adorer, il adorera le capital éternel. (*Applaudissements sur les mêmes bancs à gauche et à l'extrême droite de la salle.*)

M. Adolphe Turrel. — Après les chanoines, les prédicateurs !
(*Bruit.*)

M. Jaurès. — Alors, messieurs, avec ce gouvernement sauveur
qui aura marché sur le fantôme, qui aura dissipé le cauchemar,
vous pourrez vous livrer en toute sécurité, en toute sérénité
à la petite besogne quotidienne. Dans la maison capitaliste
consolidée, vous pratiquerez quelques petites réparations pour
passer le temps.

Mais si au contraire le mouvement socialiste est déterminé
tout à la fois par la forme de la production dans le monde
contemporain et par l'état des sociétés politiques, s'il tient
tout ensemble au cœur même des choses et aux entrailles du
prolétariat, en engageant la majorité gouvernementale dans la
lutte contre lui, vous l'engagez, monsieur le président du conseil,
dans le plus rude, dans le plus douloureux et le plus hasardeux
des combats. Lorsque vous aurez abattu ou emprisonné, ou
bâillonné quelques-uns de ceux que vous appelez les chefs,
il en surgira d'autres du peuple même, de la nécessité même,
infatigablement. (*Applaudissements à l'extrême gauche.*)

Lorsque vous aurez dompté le prolétariat sur un point, il se
relèvera sur un autre ; quand vous croirez l'avoir dompté partout,
il recueillera ses forces pour de nouvelles revendications et de
nouvelles affirmations. Vous obtiendrez peut-être un silence
momentané, vous n'obtiendrez pas la résignation. (*Mouvement.*)

Vous n'aurez pas la paix ; vous n'aurez qu'une trêve inquiète
et soupçonneuse, et le temps, les années même travailleront
contre vous. Car, d'une part, le développement du machinisme
et de la grande industrie achèvera de jeter dans le salariat ces
petits artisans, cette petite bourgeoisie derrière laquelle vous
vous abritez encore, et l'armée ennemie sera grossie de tous les
expropriés, de tous les spoliés de l'ordre social actuel.

D'autre part, ayant perdu dans les agitations, dans les répressions systématiques, dans les luttes imprudentes engagées contre un mouvement puissant le meilleur de votre force, il ne vous restera plus ni temps, ni liberté d'esprit, ni énergie pour réaliser même ces réformes partielles qui ne sauveraient pas l'ordre social actuel, mais qui en calmant quelques douleurs et en désarmant quelques colères, vous donneraient au moins un peu de répit. Si bien que la majorité républicaine se trouvera devant une crise tous les jours plus grave, plus grave par le développement même des conditions de la production qui créent le socialisme, plus grave parce que votre esprit d'agression et de résistance aura accumulé les colères et les difficultés. (*Applaudissements sur divers bancs à gauche. – Exclamations au centre.*)

J'ai donc le droit, monsieur le président du conseil, de vous demander ceci : Je vous prie de dire nettement à la majorité que vous voulez grouper derrière vous si vous espérez avoir raison du mouvement socialiste avec les quelques lois de police que vous annoncez, si vous croyez en avoir raison en quelques escarmouches, ou si la majorité gouvernementale va être obligée de s'armer du bouclier et du glaive pour la plus longue et la plus rude des expéditions à l'intérieur. (*Très bien ! sur divers bancs à gauche.*)

Ah ! je le sais bien, on essaye et tout à l'heure dans votre déclaration vous avez essayé vous-même d'éluder le problème avec ce mot de « meneurs ».

M. le président du conseil. — Je ne l'ai pas éludé. Je l'ai posé très nettement.

M. Jaurès. — Je dis que vous aussi, après bien d'autres, vous avez essayé d'éluder le jugement d'ensemble qui doit être porté sur la situation actuelle en appelant les anathèmes de la majorité sur ceux que vous appelez les meneurs.

Eh bien ! permettez-moi de vous le dire, il y a là d'abord une lamentable contradiction. Car ces hommes que vous appelez les meneurs, s'ils se sont levés avant le peuple, s'ils se sont je dirai presque levés avant le jour... (*Rires et exclamations diverses.*)

M. Lavy. — Ce n'est pas de l'éloquence ministérielle ! Ces messieurs sont difficiles.

M. Jaurès. — ... s'ils ont essayé d'organiser le prolétariat avant qu'il fût une force, s'ils ont annoncé une société nouvelle aux travailleurs encore résignés à la société présente, si pendant longtemps, sans espérer aucune récompense prochaine, ils ont lutté n'ayant avec eux qu'une poignée de militants, affrontant ainsi tout à la fois la colère des gouvernements et l'indifférence plus terrible encore des travailleurs, ils ne sont pas les ambitieux et les intrigants que vous dites. (*Oh ! Oh ! à gauche et au centre.*) Ils ont été des hommes de croyance, des hommes de foi. Mais si au contraire vous prétendez qu'ils ont attendu, pour l'exploiter, que le mouvement se produisit, c'est donc qu'il s'était produit avant eux. C'est que ce ne sont pas eux les meneurs ; c'est que c'est le peuple lui-même qui les a menés. (*Vifs applaudissements à l'extrême gauche.*)

En vérité, vous êtes dans un état d'esprit étrange. (*Exclamations au centre.*) Vous avez voulu faire des lois d'instruction pour le peuple ; vous avez voulu par la presse libre, par l'école, par les réunions libres multiplier pour lui toutes les excitations et tous les éveils. Vous ne supposiez pas, probablement, que dans le prolétariat tous au même degré fussent animés par ce mouvement d'émancipation intellectuelle que vous vouliez produire. Il était inévitable que quelques individualités plus énergiques vibrassent d'une vibration plus forte. Et parce que ces individualités, au lieu de se séparer du peuple, restent avec lui et en lui pour lutter avec lui, parce qu'au lieu d'aller mendier je ne sais quelles misérables complaisances auprès du capital soupçonneux, ces hommes restent dans le peuple pour préparer l'émancipation générale de la classe dont ils sont, vous croyez les flétrir et vous voulez les traquer par l'artifice de vos lois !

Savez-vous où sont les meneurs, où sont les excitateurs ? Ils ne sont ni parmi ces ouvriers qui organisent les syndicats que vous voulez sournoisement dissoudre, ni parmi les théoriciens, ni parmi les propagandistes de socialisme ; non, les principaux meneurs, les principaux excitateurs, ils sont d'abord parmi les capitalistes eux-mêmes, mais ils sont dans la majorité gouvernementale elle-même. (*Applaudissements à l'extrême gauche. — Protestations au centre.*)

Ah ! messieurs, c'est un singulier aveuglement que le vôtre, d'attribuer à quelques hommes l'évolution universelle qui se produit. N'êtes-vous pas frappés par l'universalité du mouvement socialiste ? Partout, dans tous les pays du monde, il éclate à la même heure. Vous ne pouvez depuis dix ans faire l'histoire de la Belgique, de l'Italie, de l'Allemagne, de l'Autriche, sans faire l'histoire du parti socialiste. Il en est de même des États-Unis, de l'Australie, et même de cette Angleterre qui était, selon vous, le refuge de l'individualisme ; voilà que les trade-unions entrent dans le mouvement socialiste ; voilà qu'elles renoncent à faire simplement une agitation professionnelle, voilà qu'elles entrent dans l'action politique ; elles ne s'enferment plus dans leur île, elles prennent part à tous les congrès internationaux ; elles ne veulent plus simplement constituer une aristocratie ouvrière, se créer dans l'ordre capitaliste des avantages particuliers ; elles s'ouvrent à tous les métiers, aux plus misérables, à ceux qu'on appelait disqualifiés : c'est l'idée socialiste qui s'affirme dans ce pays prétendu individualiste. Ce sont les formules mêmes du socialisme qui ont été récemment promulguées par le congrès des trade-unions de Belfast, et sous la pression de l'idée socialiste en Angleterre, on voit le gouvernement libéral obligé de proposer des lois sociales ; on le voit intervenir dans les conflits entre le capital et le travail, non pas, comme les ministres de la République française, pour écraser les travailleurs (*Applaudissements sur divers bancs à l'extrémité gauche et à l'extrémité droite de la salle*), mais pour amener une trêve honorable qui calme, au moins momentanément, la fermentation des haines.

Et c'est devant ce mouvement universel qui entraîne à la

fois les peuples les plus divers, quels que soient le climat, le régime politique et la race, que vous venez parler de quelques excitations isolées ! Mais vous faites trop d'honneur, monsieur le président du conseil, à ceux que vous accusez ; vous donnez trop de puissance à ceux que vous appelez les meneurs. Il ne dépend pas d'eux de déchaîner un mouvement aussi vaste, et il ne suffit pas du souffle débile de quelques bouches humaines pour soulever cette houle du prolétariat universel. (*Applaudissements sur les mêmes bancs.*)

Non, messieurs, la vérité, c'est que ce mouvement sort des profondeurs mêmes des choses ; c'est qu'il sort d'innombrables souffrances qui jusqu'ici ne s'étaient point concertées, mais qui ont trouvé dans une formule libératrice leur point de ralliement. La vérité, c'est qu'en France même, dans notre France républicaine, le mouvement socialiste est sorti tout à la fois de la République, que vous avez fondée, et du régime économique qui se développe dans ce pays depuis un demi-siècle.

Vous avez fait la République, et c'est votre honneur ; vous l'avez faite inattaquable, vous l'avez faite indestructible, mais par là vous avez institué entre l'ordre politique et l'ordre économique dans notre pays une intolérable contradiction.

M. René Goblet. — Très bien !

M. Jaurès. — Dans l'ordre politique, la nation est souveraine et elle a brisé toutes les oligarchies du passé ; dans l'ordre économique la nation est soumise à beaucoup de ces oligarchies ; et entre parenthèses, monsieur le président du conseil, il ne suffisait pas de dire à la Chambre, ce qu'elle sait amplement sans vous, que la question de la Banque de France posera devant elle ; il fallait lui dire de quelle façon le gouvernement entendait qu'elle fût résolue. (*Applaudissements à l'extrémité gauche et à l'extrémité droite de la salle.*)

Oui, par le suffrage universel, par la souveraineté nationale, qui trouve son expression définitive et logique dans la République, vous avez fait de tous les citoyens, y compris les salariés, une assemblée de rois. C'est d'eux, c'est de leur volonté souveraine qu'émanent les lois et le gouvernement ; ils révoquent, ils changent leurs mandataires, les législateurs et les ministres ; mais au moment même où le salarié est souverain dans l'ordre politique, il est dans l'ordre économique réduit à une sorte de servage.

Oui ! au moment où il peut chasser les ministres du pouvoir il est, lui, sans garantie aucune et sans lendemain, chassé de l'atelier. Son travail n'est plus qu'une marchandise que les détenteurs du capital acceptent ou refusent à leur gré.

Il peut être chassé de l'atelier, il ne collabore pas aux règlements d'atelier qui deviennent tous les jours plus sévères et plus captieux, et qui sont faits sans lui et contre lui.

Il est la proie de tous les hasards, de toutes les servitudes, et à tout moment, ce roi de l'ordre politique peut être jeté dans la rue ; à tout moment, s'il veut exercer son droit légal de coalition pour défendre son salaire, il peut se voir refuser tout travail, tout salaire, toute existence par la coalition des grandes compagnies minières. Et tandis que les travailleurs n'ont plus à payer, dans l'ordre politique, une liste civile de quelques millions aux souverains que vous avez détrônés, ils sont obligés de prélever sur leur travail une liste civile de plusieurs milliards pour rémunérer les oligarchies oisives qui sont les souveraines du travail national. (*Applaudissements répétés sur plusieurs bancs à l'extrémité gauche et à l'extrémité droite de la salle.*)

Et c'est parce que le socialisme apparaît comme seul capable de résoudre cette contradiction fondamentale de la société présente, c'est parce que le socialisme proclame que la République politique doit aboutir à la République sociale, c'est parce qu'il veut que la République soit affirmée dans l'atelier comme elle est affirmée ici ; c'est parce qu'il veut que la nation soit souveraine dans l'ordre économique pour briser les privilèges du capitalisme oisif, comme elle est souveraine dans l'ordre politique, c'est pour cela que le socialisme sort du mouvement républicain. C'est la République qui est le grand excitateur, c'est la République qui est le grand meneur : traduisez-la donc devant vos gendarmes ! (*Nouveaux applaudissements sur les mêmes bancs.*)

Et puis, vous avez fait des lois d'instruction. Dès lors, comment voulez-vous qu'à l'émancipation politique ne vienne pas s'ajouter, pour les travailleurs, l'émancipation sociale quand vous avez décrété et préparé vous-mêmes leur émancipation intellectuelle ? Car vous n'avez pas voulu seulement que l'instruction fût universelle et obligatoire : vous avez voulu aussi qu'elle fût laïque, et vous avez bien fait. (*Marques d'assentiment sur divers bancs. — Bruit au centre.*)

M. Adolphe Turrel. — M. l'abbé Lemire ne vous applaudit pas au mot «laïque», tandis qu'il vous applaudissait tout à l'heure. (*Bruit.*)

M. Louis Jourdan. — Dans tous les cas, il donne un exemple qui n'est malheureusement pas assez suivi. Il faudrait en voir beaucoup comme lui. (*Bruit.*)

M. Jaurès. — Vous n'avez pas, comme vous en accusent souvent des adversaires passionnés, ruiné les croyances chrétiennes, et ce n'était pas votre objet. Vous vous proposiez simplement d'instituer dans vos écoles une éducation rationnelle. Ce n'est pas vous qui avez ruiné les croyances d'autrefois ; elles ont été minées bien avant vous, bien avant nous, par les développements de la critique, par la conception positive et naturaliste du monde, par la connaissance, et la pratique d'autres civilisations, d'autres religions, dans l'horizon humain élargi. Ce n'est pas vous qui avez rompu les liens vivants du christianisme et de la conscience moderne ; ils étaient rompus avant vous. Mais ce que vous avez fait, en décrétant l'instruction purement rationnelle, ce que vous avez proclamé, c'est que la seule raison suffisait à tous les hommes pour la conduite de la vie. (*Applaudissements sur plusieurs bancs à l'extrémité gauche et à l'extrémité droite de la salle.*)

M. Lemire. — Très bien ! très bien !

M. Fernand de Ramel. — Vous oubliez, monsieur Jaurès, qu'en décrétant l'instruction laïque, vous avez violé la liberté dont vous parliez tout à l'heure !

M. Jaurès. — Par là même, vous avez mis en harmonie l'éducation populaire avec les résultats de la pensée moderne ; vous avez définitivement arraché le peuple à la tutelle de l'Église et du dogme ; vous avez rompu non pas ces liens vivants dont je parlais tout à l'heure, mais les liens de passivité, d'habitude, de tradition et de routine qui subsistaient encore.

Mais qu'avez-vous fait par là ? Ah ! je le sais bien, ce n'était qu'une habitude et non pas une croyance qui survivait encore en un grand nombre d'esprits ; mais cette habitude était, pour quelques-uns tout au moins, un calmant et un consolant. Eh bien ! vous, vous avez interrompu la vieille chanson qui berçait la misère humaine… (*Applaudissements sur les mêmes bancs*) et la misère humaine s'est réveillée avec des cris, elle s'est dressée devant vous, et elle réclame aujourd'hui sa place, sa large place au soleil du monde naturel, le seul que vous n'ayez point pâli.

De même que la terre perd, par le rayonnement nocturne, une partie de la chaleur que le jour y a accumulée, une part de l'énergie populaire se dissipait par le rayonnement religieux dans le vide sans fond de l'espace.

Or, vous avez arrêté ce rayonnement religieux, et vous avez ainsi concentré dans les revendications immédiates, dans les revendications sociales tout le feu de la pensée, toute l'ardeur du désir ; c'est vous qui avez élevé la température révolutionnaire du prolétariat et si vous vous épouvantez aujourd'hui, c'est devant votre œuvre ! (Applaudissements à l'extrême gauche et à droite.)

Jean Jaurès

M. Fernand de Ramel. — L'esprit religieux a fait plus à lui seul, que tout ce que vous voulez faire.

M. Jaurès. — Et de même, quand vous avez fondé les syndicats ouvriers, qu'avez-vous prétendu faire ?

L'autre jour, un homme politique considérable — qui rappelait qu'il a été lui-même collaborateur de Gambetta et de Ferry, et qui viendra dire peut-être à cette tribune s'il a trouvé en effet dans votre déclaration cet écho de sa propre parole qu'il s'attendait à y percevoir — disait que les syndicats ouvriers avaient été détournés de leur véritable destination.

Plusieurs membres au centre et à droite. — C'est très vrai !

M. Jaurès. — Qu'est-ce que cela signifie pour un esprit aussi positif et aussi clair, que le sien ? Est-ce que vous vous imaginiez, lorsque vous avez fait la loi sur les syndicats ouvriers, qu'ils seraient simplement ou une société de secours mutuels ou je ne sais quelle ébauche de société coopérative de consommation ? Non, toutes ces institutions d'assistance et autres existaient à côté et en dehors des syndicats ouvriers, avant eux. En instituant les syndicats ouvriers, vous ne pouviez faire qu'une chose : donner, aux travailleurs, dispersés jusque-là, le sentiment d'une force plus grande, par leur réunion et par leur cohésion… (*Très bien ! très bien ! à l'extrême gauche.*)

M. Maurice-Faure. — M. Waldeck-Rousseau l'a dit.

M. Jaurès. — … et lorsqu'ils auraient des revendications à produire, soit sur la durée de travail, soit sur les salaires, et qu'ils s'adresseraient au patronat, et que le patronat ne les écouterait pas, donner plus de cohésion et d'ensemble au mouvement de coalition par lequel les travailleurs pouvaient espérer la victoire. (*Très bien ! très bien ! à l'extrême gauche.* — *Bruit.*)

Si vous n'avez pas voulu cela, je ne sais pas ce que vous avez voulu.

M. Félix Faure. — Nous avons fait une loi de liberté, et non pas une loi d'oppression et de tyrannie. (*Très bien ! très bien ! au centre.*)

M. Jaurès. — Et maintenant, parce que les travailleurs trouvent en effet dans ces syndicats le sentiment d'une force nouvelle, qui leur permet d'espérer la réalisation de la pleine justice sociale, vous vous effrayez, encore une fois, devant votre œuvre.

Et c'est chose étrange comme vous méconnaissez la situation présente. Je n'en veux d'autre témoignage que le langage de ce magistrat qui vous écrivait récemment, et qui assurément n'imaginait pas vous déplaire en disant : « Les syndicats sortent de leur rôle, ils deviennent une sorte d'école, d'instrument de propagande socialiste. »

Messieurs, il n'y a que deux moyens pour les travailleurs d'obtenir l'amélioration de leur sort : ou bien des améliorations partielles, immédiates, précaires, par les coalitions, que vous appelez des grèves ; ou bien une amélioration durable, définitive, normale, par la conquête des pouvoirs politiques pour réaliser l'idée socialiste.

Et vous ne vous apercevez pas, lorsque vous faites un grief aux syndicats de se pénétrer de l'esprit socialiste et de sortir de la simple agitation professionnelle pour s'élever à une conception politique générale et supérieure, que c'est vous qui les acculez à la grève comme au seul moyen d'action, alors que le socialisme leur offre dans la conquête des pouvoirs politiques un moyen d'action plus efficace et beaucoup plus étendu. (*Applaudissements à l'extrême gauche. — Exclamations et bruit au centre.*)

Ainsi il se trouve, messieurs, que le mouvement socialiste est sorti tout à la fois de l'institution républicaine, de l'éducation laïque que vous avez décrétée, et des lois syndicales que vous avez faites ; et en même temps il résulte de plus en plus des conditions économiques qui se développent dans ce pays-ci depuis cinquante ans.

Il vous suffit de jeter un coup d'œil rapide sur la marche de la production dans notre pays, pour constater que dans l'ordre industriel, peu à peu la grande industrie, l'industrie anonyme, servie par les puissants capitaux et par les puissantes machines, se substitue de plus en plus au petit et au moyen patronat, et qu'ainsi l'abîme s'élargit et se creuse de plus en plus entre ceux, de plus en plus rares, qui détiennent les grands moyens de production, et ceux, de plus en plus nombreux, qui ne sont que des salariés, livrés à toutes les incertitudes de la vie.

Voulez-vous, par un simple chiffre, l'indication de ce mouvement rapide, qui travaille pour nous en détruisant cette union de la propriété et du travail qui avait permis à la société actuelle de durer ?

En 1871, la force des machines fixes employées dans l'industrie s'élevait à 315 000 chevaux-vapeur ; et en 1887, seize années après seulement, elle s'élevait, d'après vos statistiques, à 748 000 chevaux-vapeur. Elle avait plus, que doublé. (*Rumeurs sur divers bancs.*)

Eh ! messieurs, est-ce que vous vous imaginez — je crois surprendre dans des rumeurs indistinctes une objection qu'on nous adresse très souvent — est-ce que vous vous imaginez que nous sommes assez ineptes, assez barbares pour prétendre que c'est là un mal ? Mais non ! nous saluons au contraire dans la machine la grande libératrice qui permettra d'alléger un jour l'humanité du fardeau du travail servile qui pèse sur elle, (*Applaudissements sur plusieurs bancs aux extrémités de la salle.*) Seulement, ce que nous constatons, c'est que ce développement prodigieux du machinisme, qui en lui-même est un bien, a dans le régime spécial de la production qui s'appelle le régime capitaliste, cet effet saisissant que de plus en plus la puissance économique appartient à un nombre plus restreint de producteurs, qu'il devient de plus en plus impossible au simple salarié, à celui qui n'a que ses bras, d'arriver à l'autonomie, à la propriété ; que le régime actuel est la lente et cruelle expropriation de ceux qui n'ont pas les grands capitaux, et qu'il prépare cette concentration souveraine du capital que nous voulons réaliser, nous, pour restituer à tous les travailleurs, dans la propriété nationale, leur part des instruments de travail. (*Applaudissements à l'extrême gauche.*)

Et puis, au point de vue agricole, il est un autre fait qui doit vous frapper : c'est que la légende s'évanouit de plus en plus du paysan propriétaire de la terre de France. Je vous rappelle à vos statistiques gouvernementales. La statistique de 1882, signée par l'homme éminent qui dirige le service de l'agriculture, par M. Tisserand, constate en effet que la petite propriété paysanne est une légende. (*Protestations au centre.*)

Un membre. — C'est absolument inexact !

M. Riotteau. — Dans quel pays vivez-vous ?

M. Paul Doumer. — C'est indéniable : il n'y a qu'à consulter les statistiques !

M. Jaurès. — Messieurs, voici ce que dit textuellement M. Tisserand :

« En résumé, les moyens et grands cultivateurs détiennent ensemble les trois quarts du territoire agricole, tandis que les millions de nos paysans en ont à peine le quart. » (*Mouvements divers.*)

Voilà la constatation faite par vos statistiques. J'oubliais de compter les statistiques ministérielles parmi les forces qui concourent au développement du socialisme ! (*On rit.*)

Donc, le même mouvement va se produire parmi les paysans, parce qu'ils n'ont pas en effet la propriété, parce que parmi les

7 millions de travailleurs ruraux qui sont disséminés sur notre sol, il y en a à peine 1 500 000 qui travaillent une terre à eux appartenant — et encore ces petits propriétaires paysans sont-ils accablés et par l'impôt, et par l'usure, et par l'hypothèque. Et à côté d'eux, il y a 800 000 fermiers pour lesquels vous n'avez rien fait, il y a 400 000 métayers, 2 millions d'ouvriers de ferme, 2 millions de journaliers, un énorme prolétariat rural qui ne peut plus arriver à la propriété, qui est ruiné par le fisc et par la spéculation cosmopolite que vous n'avez pas su empêcher. (*Vifs applaudissements sur plusieurs bancs aux extrémités de la salle. — Bruit au centre.*)

En sorte que bien loin que vous puissiez trouver dans la démocratie rurale un point d'appui contre la démocratie ouvrière, nous, nous irons puiser dans cet immense réservoir des souffrances paysannes de quoi compléter la force ouvrière en vue de la conquête du pouvoir politique et de l'expropriation économique et politique de là haute bourgeoisie capitaliste qui exploite le paysan comme l'ouvrier. (*Applaudissements sur les mêmes bancs.*)

C'est parce que vous sentez vous-mêmes que le mouvement socialiste sort de toutes nos institutions, que vous êtes acculés aujourd'hui, pour le combattre, à une œuvre rétrograde.

Le socialisme sortait de la République ; vous ne pouvez détruire la République, mais vous y introduisez ses ennemis d'hier en gouvernants et en maîtres, pour en chasser plus, sûrement les militants qui l'ont faite et qui ont versé leur sang pour elle. (*Nouveaux applaudissements sur les mêmes bancs. — Exclamations au centre.*)

Vous ne pouvez pas détruire ouvertement, officiellement votre œuvre de laïcité, mais vous mettez votre République sous le patronage de la papauté… Oui, c'est la politique de Léon XIII qui vous dirige. (*Nouveaux applaudissements sur les mêmes bancs.*)

C'est au Vatican que vous prenez, ou que votre politique prend son mot d'ordre, et ne pouvant, détruire les lois de laïcité, vous y introduirez le plus possible d'esprit clérical.

De même, vous n'oserez peut-être pas détruire ouvertement les syndicats ouvriers ; mais avec ces magistrats qui vous écrivent que les questions de cet ordre sont beaucoup plus politiques que judiciaires et qui se déclarent prêts cependant à appliquer la jurisprudence politique, vous trouverez bien assez le moyen, sans changer les lois, de supprimer en fait la liberté des syndicats ouvriers et de faire une loi de servitude de ce qui a été une loi d'émancipation, Et je suis en droit de conclure que le socialisme est à ce point un mouvement profond et nécessaire, qu'il sort si évidemment, si puissamment de toutes les institutions républicaines, laïques, démocratiques, que pour combattre le socialisme, vous allez être condamnés dans tous les ordres, dans l'ordre politique, dans l'ordre fiscal et dans l'ordre syndical, à une œuvre de réaction.

Eh bien ! faites-la, essayez-la ! Et pendant que vous userez ce qui peut vous rester de force et de prestige à lutter contre le peuple en marche, dans les intervalles que nous laisseront vos persécutions impuissantes (*Rumeurs au centre*), nous apporterons les projets de réforme que vous n'avez pas apportés ; et puisque vous désertez la politique républicaine, c'est nous, socialistes, qui la ferons ici. (*Applaudissements à l'extrême gauche.*)

Je dépose, comme sanction de cette interpellation, l'ordre du jour suivant :

« La Chambre, convaincue que nul gouvernement ne peut combattre le socialisme sans déserter les principes républicains (*Sourires ironiques au centre*), et condamnant énergiquement la politique rétrograde et provocatrice du ministère, passe à l'ordre du jour [1]. » (*Applaudissements répétés à l'extrémité gauche et à*

---

1 La discussion de cette interpellation s'est poursuivie pendant plusieurs séances. Après la réponse de M. Charles Dupuy au discours de M. Jaurès, MM. Lockroy,

Jean Jaurès

*l'extrémité droite de la salle.). * ¹

Barthou, Chautemps, Paul Deschanel, René Goblet, Georges Leygues, Louis Jourdan ont successivement pris part au débat. À la fin de la séance du 25 novembre, M. Camille Pelletan intervint pour annoncer qu'il était impossible de continuer à discuter cette interpellation, le ministère n'existant plus. Plusieurs ministres, MM. Peytral, ministre des finances, Terrier, ministre du commerce, avaient en effet affirmé dans les couloirs qu'ils avaient signé le matin leur lettre de démission.

MM. Ouvré et Brisson appuyèrent par des déclarations formelles les affirmations de M. Pelletan. Ils firent observer que dans ces conditions, il était impossible à la Chambre d'émettre un vote de confiance ou de défiance à un cabinet, puisqu'il n'en existait pas.

M. Millerand monta aussitôt à la tribune pour annoncer en ces termes qu'il retirait la demande d'interpellation qu'il avait déposée avec M. Jaurès :

M. Millerand. — Messieurs, mon ami M. Jaurès et moi, nous avions cru devoir déposer une demande d'interpellation pour qu'il fût permis à la Chambre, selon les usages parlementaires, d'exprimer sa volonté et de faire connaître son opinion sur un ministère qui se présentait au complet devant elle.

1 Il convient de noter que plusieurs députés socialistes ont été obligés pendant la législature de siéger à l'extrême droite, faute de place à l'extrême gauche.

ISBN : 978-1522775850